아폴로 우주선
- 달 착륙선(Lunar Module, LM) 이글
- 기계선(Service Module, SM)
- 사령선(Command Module, CM)
- 컬럼비아(사령선과 기계선을 합쳐서 CSM이라고 부름)

발사 탈출용 탑
3분 17초 후에 분리.

닐 암스트롱 -선장
마이클 콜린스 -사령선 조종사
에드윈 E. 버즈 올드린 주니어
-달 착륙선 조종사

2단 로켓(S-II)
로켓(S-II) 아폴로 11호를 117마일(187킬로미터) 높이로 올림. 9분 12초 후에 분리.

3단 로켓(S-IVB)
아폴로 11호를 지구 궤도에 진입시킴. 2시간 44분 후에 달을 향한 경로 진입을 위해 재점화. 아폴로 11호를 지구 궤도에서 벗어나 달을 향해 가도록 추진함.

달에서 이륙
암스트롱과 올드린은 이글의 윗부분을 타고 7월 21일 오후 1시 54분 고요의 바다 기지에서 이륙함.

다시 달 궤도로 돌아와 LM과 CSM이 도킹함. 암스트롱과 올드린은 달에서 수집한 표본을 가지고 컬럼비아에 있는 콜린스와 다시 만남.

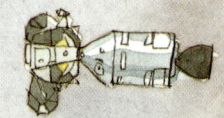

이글의 윗부분은 분리되고

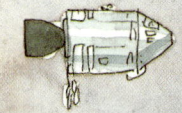 

CSM은 지구를 향한 경로 진입을 위해 엔진을 점화함.

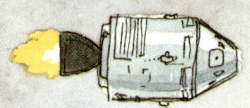

지구를 향한 항해 이틀 반 후에 아폴로 11호는 지구에 도착하여 기계선을 버림.

진입과 착륙
컬럼비아가 지구 대기권에 진입하고······

7월 24일 오후 12시 50분에 안전하게 바다에 착륙함.

우주 비행사들은 헬기로 항공모함 호넷(USS Hornet)으로 옮겨져 이동식 격리 시설로 들어감.

3주간의 격리 후—달 병균의 흔적이 없으므로—암스트롱, 콜린스, 올드린은 전 세계를 돌며 시가 행진을 하고 환영을 받음.

글 · 그림 브라이언 플로카

미국의 어린이책 작가이자 일러스트레이터입니다. 펴낸 그림책으로 2014년 칼데콧 상을 받은 『기관차(Locomotive)』를 비롯해서 『등대선(Lightship)』, 『경주 자동차 알파벳(The Racecar Alphabet)』 등이 있습니다. 이 책 『타다, 아폴로 11호』로 가장 뛰어난 정보책에 수여하는 로버트 F. 시버트 아너상을 받았고 현재 뉴욕 브루클린에서 살고 있습니다.

옮김 이강환

서울대 천문학과를 졸업하고 같은 대학원에서 박사 학위를 받았습니다. 글, 강연, 팟캐스트 등 여러 매체를 통해 사람들에게 과학을 알려 왔습니다. 서대문자연사박물관 관장을 거쳐 지금은 과학기술정보통신부에서 일하고 있습니다. 지은 책으로 『이강환 선생님이 들려주는 응답하라 외계생명체』, 『우주의 끝을 찾아서』, 『빅뱅의 메아리』 등이 있으며 옮긴 책으로 『초등학생이 알아야 할 우주 100가지』, 『신기한 스쿨버스』, 『세상은 어떻게 시작되었는가』, 『우리 안의 우주』 등이 있습니다.

참고한 책과 자료

『A Man on the Moon』(앤드루 체이킨 지음. 아폴로 1호 승무원들이 희생된 화재에서부터 아폴로 17호 승무원들이 이룬 달 지질학에서의 성과까지, 아폴로 프로그램의 역사를 보여 주는 책이다.) 『Carrying the Fire: An Astronaut's Journey, Liftoff: The Story of America's Adventure in Space』(마이클 콜린스 지음. 아폴로 11호의 경험을 구체적으로 소개하고, 우주 프로그램의 발전에 대해서도 알려 준다.) 『Of a Fire on the Moon』(노먼 메일러 지음. 1960년대의 맥락 속에서 아폴로 11호를 볼 수 있게 해 주고, 비행의 원리와 방법을 설명해 준다.) 『Apollo: The Race to the Moon』(찰스 머리, 캐서린 블라이 콕스 지음. 아폴로호를 상상하고 설계한 공학자들과 임무를 실행한 비행 관리자들에 대한 이야기를 들려준다.) 『Virtual Apollo and Virtual LM』(스콧 P. 설리번 지음. 아폴로호의 안쪽과 바깥쪽 모습을 다 보여 준다.) 등.

NASA(nasa.gov)가 공개한 도표, 보도자료, 사진, 동영상, 비행 계획, 메모 등 (spaceflight.nasa.gov/history/apollo/index.html, hq.nasa.gov/alsj/)
스미소니언 국립 항공우주박물관의 웹사이트 ariandspace.si.edu
다큐멘터리 「In the Shadow of the Moon, For All Mankind, Apollo 11: Men on the Moon」, 영화 「Apollo 13」, 드라마 HBO 시리즈 「From the Earth to the Moon」, 아폴로 11호의 착륙 과정을 다룬 CBS의 자료

워싱턴 DC의 스미소니언 항공우주박물관, 텍사스 휴스턴의 존슨 스페이스 센터

MOONSHOT by Brian Floca

Text and Illustrations Copyright © 2019 Brian Floca
All rights reserved. No part of this book may be reproduced or transmitted in any form or by any means, electronic or mechanical, including photocopying, recording or by any information storage and retrieval system without permission in writing from the Publisher.
This Korean edition was published by Nermerbooks in 2019 by arrangement with Athemeum/Richard Jackson Books An imprint of Simon & Schuster Children's Publishing Division 1230 Avenue of the Americas, New York, NY 10020 through KCC(Korea Copyright Center Inc.), Seoul.

타다, 아폴로 11호

2019년 12월 10일 초판 1쇄 발행 | 2023년 11월 25일 초판 3쇄 발행 | 글·그림 브라이언 플로카 | 번역 이강환 | 펴낸이 김상미, 이재민 | 디자인 달뜸창작실 | 편집 김세희 | 종이 다올페이퍼 | 인쇄 청아문화사 | 제본 신안제책 | 펴낸곳 너머학교 | 주소 서울시 서대문구 증가로 20길 3-12 | 전화 02)335-3366 | 팩스 02)335-5848 | 등록번호 제313-2009-234호 ISBN 978-89-94407-73-9 ISBN 978-89-94407- 33-3(세트)

이 책은 (주)한국저작권센터(KCC)를 통한 저작권자와의 독점계약으로 너머북스에서 출간되었습니다. 저작권법에 의해 한국 내에서 보호를 받는 저작물이므로 무단전재와 복제를 금합니다.

너머북스와 너머학교는 좋은 서가와 학교를 꿈꾸는 출판사입니다.

타다, 아폴로 11호

브라이언 플로카 글·그림 이강환 옮김

저 높은 곳에

달이 있습니다.

춥고, 고요하고,

공기도 생명도 없지만,

하늘에서 아름답게 빛나고 있습니다.

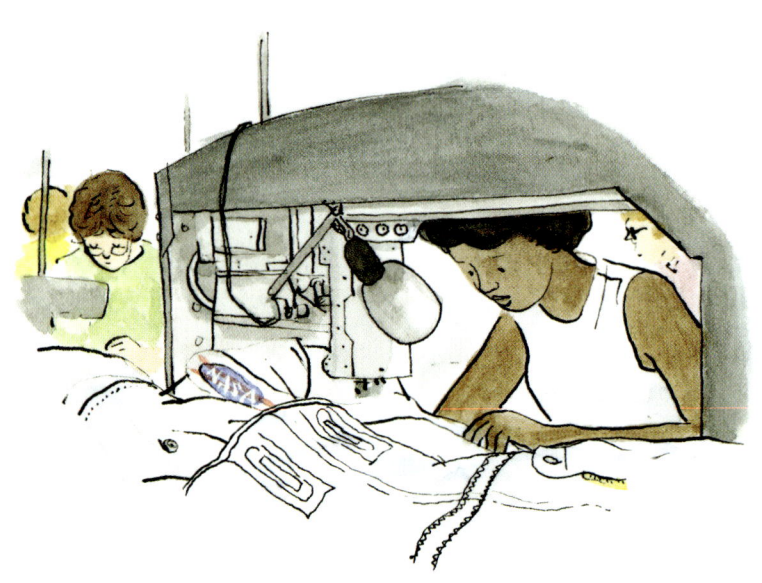

여기 아래에는

많은 사람들이

새로운 경로를 그리고 새로운 계획을 짜고 있습니다.

우주복을 만들고, 우주선을 조립하고,

컴퓨터 코드를 짜고 있습니다.

볼트와 너트, 바늘과 실,

그리고 숫자들, 숫자들, 숫자들.

수천 명 사람들이

수백만 가지 일을 하고 있습니다.

그리고 여기 아래에는
세 사람이 있습니다.

새 우주복을 입으며
새 우주선에 탈
준비를 하고 있습니다.

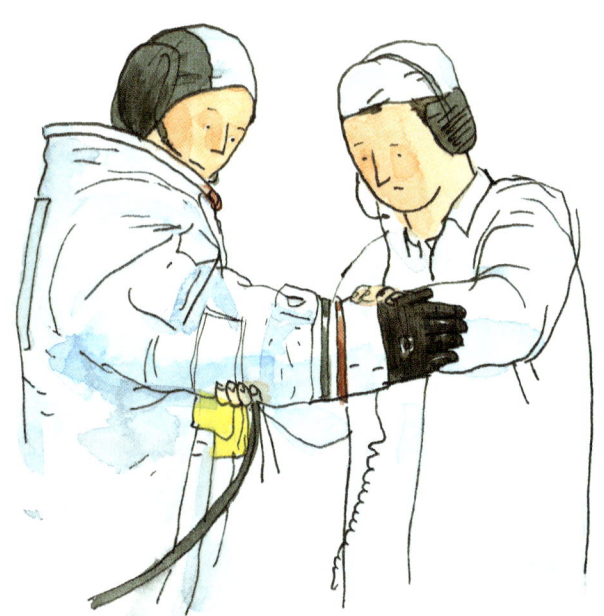

손에는 -찰칵- 두꺼운 장갑을 끼고,

머리에는 -찰칵- 크고 둥근 헬멧을 쓰고
있습니다.

이곳은 여름의 플로리다,

뜨거운 바닷가입니다.

하지만 이 사람들은 춥고 이상한 곳에 어울리는 옷을 입고 있습니다.

이들은 지구에 맞지 않는 옷을 입고

딱딱하고 어색하게 걷고 있습니다.

    이들은 연구와 연습과 훈련을 마치고,

    가족과 친구들에게 작별 인사를 했습니다.

    모든 것이 잘 진행된다면 이들은 1주일간 떠나 있을 것입니다.

    그 누구도 가 보지 않았던 곳으로요.

두 대의 작은 우주선이 있습니다.
컬럼비아와 이글입니다.
두 우주선은 자신들을 우주로 쏘아 올려 줄
로켓의 맨 위에 놓여 있습니다.
로켓은 마치 기계로 만든 괴물 같습니다.
30층 건물 높이에
무게는 300만 킬로그램에 달하고
연료와 화염과 밸브와 파이프와
엔진으로 가득 찬 거대한 탑.
믿기지 않을 정도로 크지만
하늘을 날기 위해서 만들어진
강력하고 웅장한 새턴 V 로켓입니다.

우주 비행사들은 컬럼비아의
옆쪽 좌석에 끼어 탔습니다.
바닥에 등을 대고
얼굴은 하늘을 향하고 있습니다.
닐 암스트롱이 가장 왼쪽,
마이클 콜린스가 오른쪽,
버즈 올드린이 가운데 탔습니다.

찰칵, 벨트를 묶었습니다.
찰칵, 해치를 잠갔습니다.

그들이 기다리는 동안
새턴 V 로켓은
그들 아래에서 웅웅거리고 있습니다.

로켓 가까운 곳의 발사 관제소,
멀리 휴스턴의 종합 관제소에서는
숫자들과 화면들과 도표들을 통해
로켓, 우주선, 연료, 밸브, 파이프, 엔진,
그리고 우주 비행사들의 심장 박동까지
모든 것을 지켜보며 확인하고 있습니다.
지켜보고 있는 모든 사람들에게 질문이 주어집니다.
"발사? 발사 중단?"
그리고 지켜보던 모든 사람들이 대답합니다.
"발사."
"발사."
"발사."
아폴로 11호는 발사에 돌입했습니다.

10⋯9⋯8⋯7⋯

점화 과정이 시작되었습니다.
불꽃이 발사대를 강하게 밀기 시작합니다.
시간이 지나면서 점점 더 강하게
밀고 있습니다.

6⋯5⋯4⋯

하지만 로켓은 아직
올라가지 않고 있습니다.

강력한 팔이 잡고 있기 때문입니다.

카운트다운이 끝날 때까지
잡고 있다가.......

3…2…1…

0

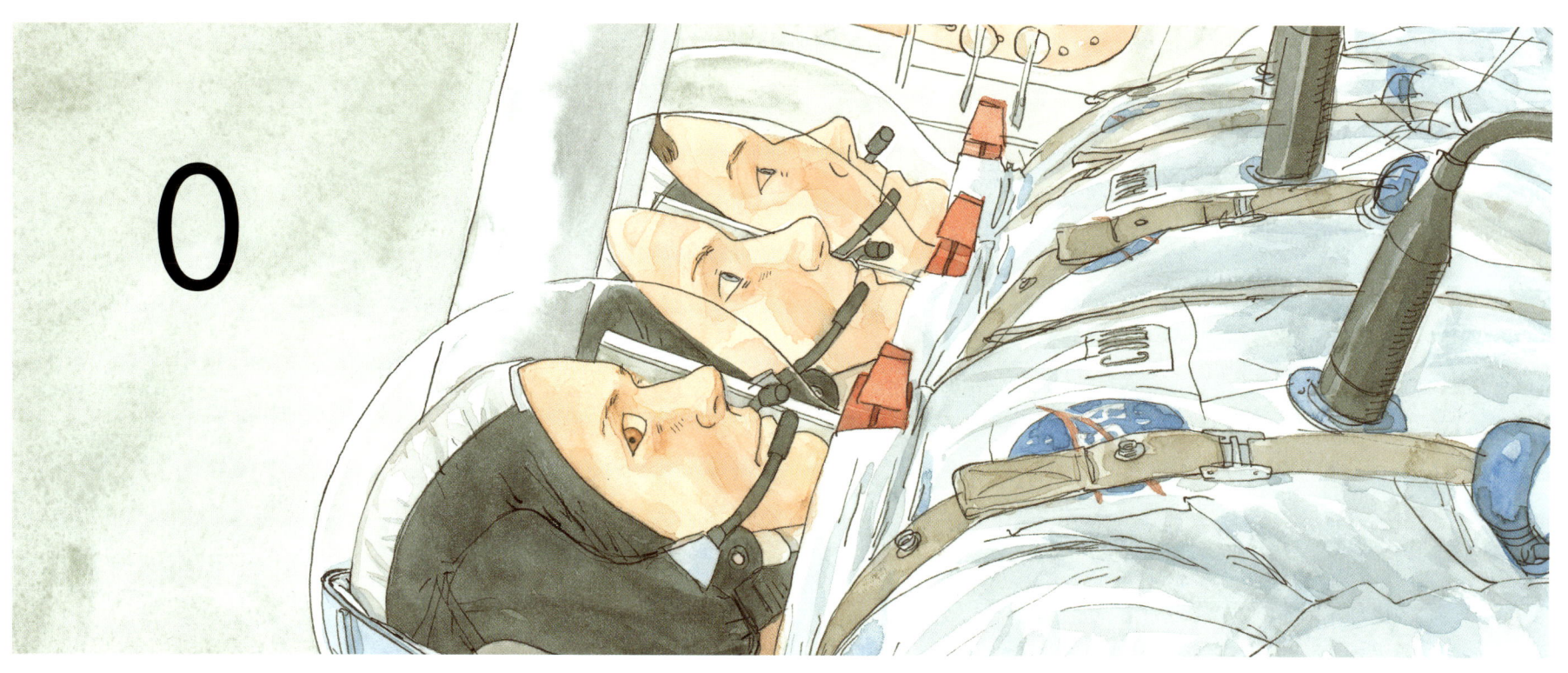

발사!

로켓이 풀려났습니다!
로켓이 올라갑니다.
조금씩 조금씩
로켓이 올라갑니다.

로켓이
여름의 하늘로 올라갑니다.
강하게 폭발하는
불꽃을 타고,
공기를 흔들며,
지구를 흔들며,
강력하게

솟구칩니다.

암스트롱, 콜린스, 올드린은
불과 천둥을 타고
의자 깊숙이 파묻혀
몸이 마치 진흙처럼 무겁습니다.

로켓이 솟구치는 동안
아래로는 부품이 떨어집니다.
이음매가 폭발하고 엔진이 점화되면서
1단 로켓, 2단 로켓, 탈출용 탑이
떨어져 나갔습니다!

로켓은 가벼워지고
더 빠르게 날아갑니다.
12분 만에
로켓은 160킬로미터 높이로 올라갔습니다.

그리고 지구를 한 바퀴 돈 후
경로를 확인하고,
로켓과 우주선의 상태를 확인하기 위하여
종합 관제소와 통신을 하고,
마지막 3단 로켓을 점화하여
우주 비행사들을 더 밀어 주었습니다.
우주 비행사들을 더 밀어 주었습니다.

지구가 아래에서
회전하며 멀어져서
우주 비행사들을 놓아주면,
새턴 로켓의 마지막 단 로켓이 열리면서
로켓의 맨 위에 있던
컬럼비아가 빠져나옵니다.

그리고 지금까지 숨겨져 있던 이글도 나왔습니다.
검은색과 은색의 웅크린 거미처럼,
새보다는 벌레에 가까울 정도로 이상하게 생긴 우주선입니다.

컬럼비아의 조종사 마이클 콜린스는
컬럼비아를 반대 방향으로 돌립니다.

그리고 컬럼비아와 이글을 결합시켰습니다.

이제 암스트롱, 콜린스, 올드린은
새턴 로켓의 마지막 부분을 떠나
하나로 결합된 두 개의 우주선을 타고
여행을 계속합니다.

춥고, 고요하고,
공기도 생명도 없지만,
하늘에서 아름답게 빛나고 있는
달을 향해
어둠 속으로 나아갑니다.

컬럼비아와 이글에서
암스트롱, 콜린스, 올드린은
장갑을 벗고,
헬멧을 벗고,
자신들을 묶고 있던 줄을 풀고,
1주일 동안 자신들의 집이 될
작은 우주선 안을 떠다닙니다.

여기서는 아래위가 없습니다.
우주 비행사는 공중에서 회전을 할 수 있고,
바닥을 벽으로,
천장을 바닥으로 바꿀 수 있습니다.

천장과 벽, 바닥에는
줄과 화면과 측정기와
단추와 손잡이와 호스와
수많은 스위치들이 있습니다.

음식과 옷들은
구석에 보관되어 있습니다.
운항 계획서와 손전등,
펜과 카메라도 떠다닙니다.
손과 주머니에서 흘러나온 것들입니다.
(물건들을 붙잡아 두기 위해서
모든 곳에 끈끈이가 있는 이유입니다.)

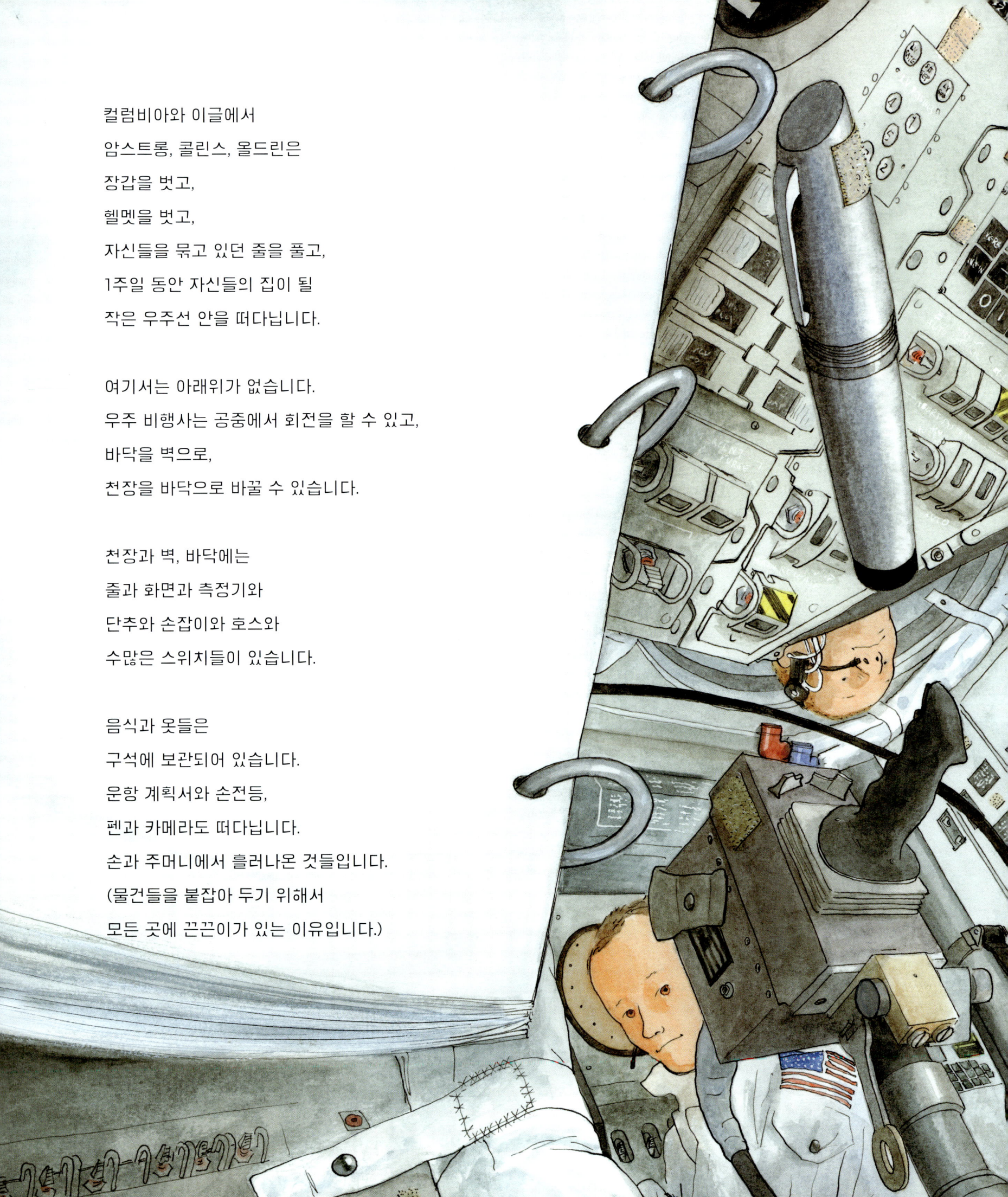

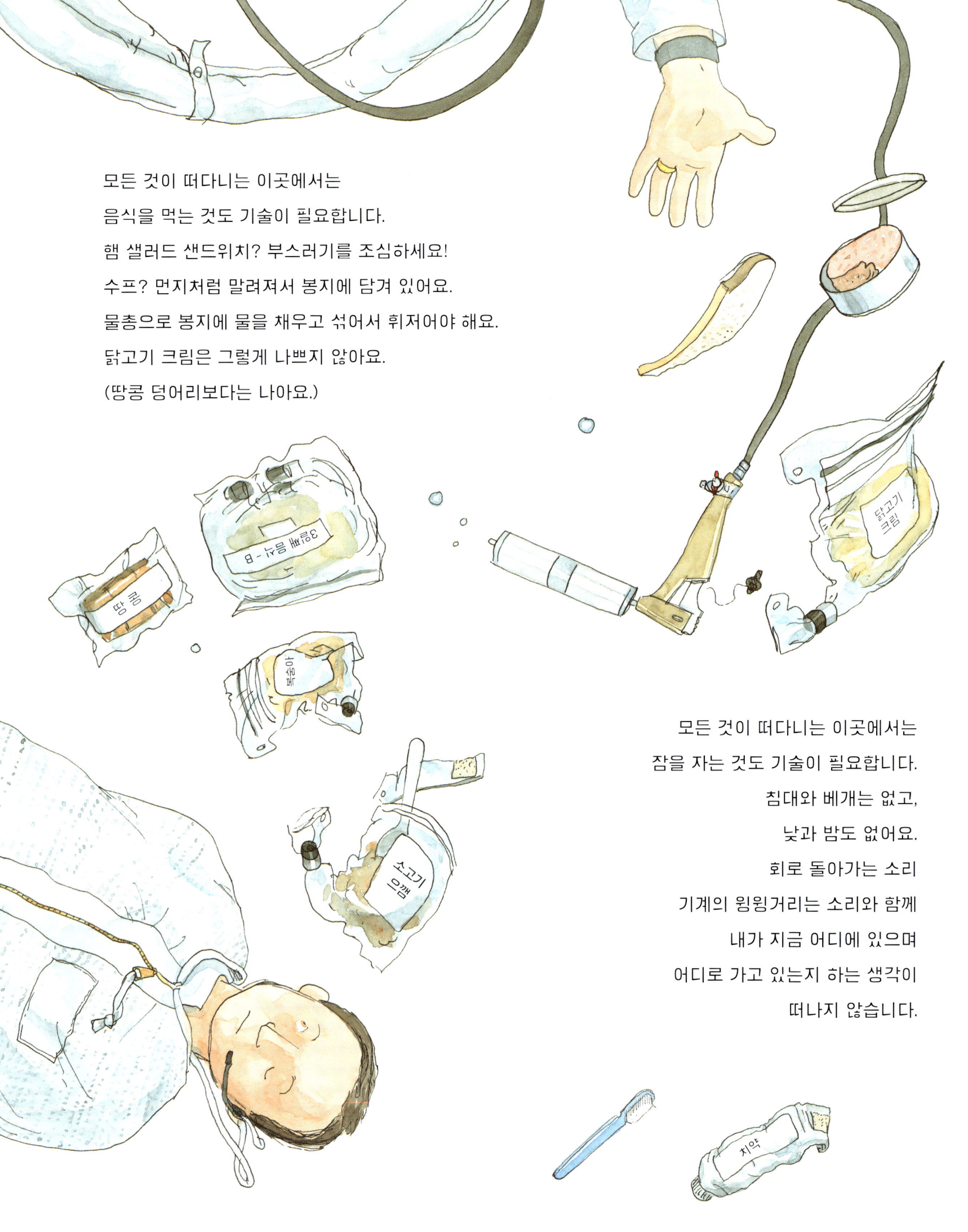

모든 것이 떠다니는 이곳에서는
음식을 먹는 것도 기술이 필요합니다.
햄 샐러드 샌드위치? 부스러기를 조심하세요!
수프? 먼지처럼 말려져서 봉지에 담겨 있어요.
물총으로 봉지에 물을 채우고 섞어서 휘저어야 해요.
닭고기 크림은 그렇게 나쁘지 않아요.
(땅콩 덩어리보다는 나아요.)

모든 것이 떠다니는 이곳에서는
잠을 자는 것도 기술이 필요합니다.
침대와 베개는 없고,
낮과 밤도 없어요.
회로 돌아가는 소리
기계의 윙윙거리는 소리와 함께
내가 지금 어디에 있으며
어디로 가고 있는지 하는 생각이
떠나지 않습니다.

그리고 하나 더.
모든 것이 떠다니는 이곳에서는
화장실을 이용하는 것도 기술이 필요합니다.
(파이프와 호스와 봉지가 있어요.)
그리고 창밖에는 신선한 공기가 없기 때문에
이 작은 집에서 1주일을 지내면 냄새는 별로 좋지 않을 거예요.

이건 사람들이 우주 비행사가 되기를
원하는 이유는 아니죠.

하지만 여전히
앞에는 달이 있습니다.
춥고, 고요하고,
공기도 없습니다. 하지만 이 이상하고 고요하고
빛나는 달은 점점 커지면서
우주 비행사들을
가까이 당겨
받아들이고 있습니다.

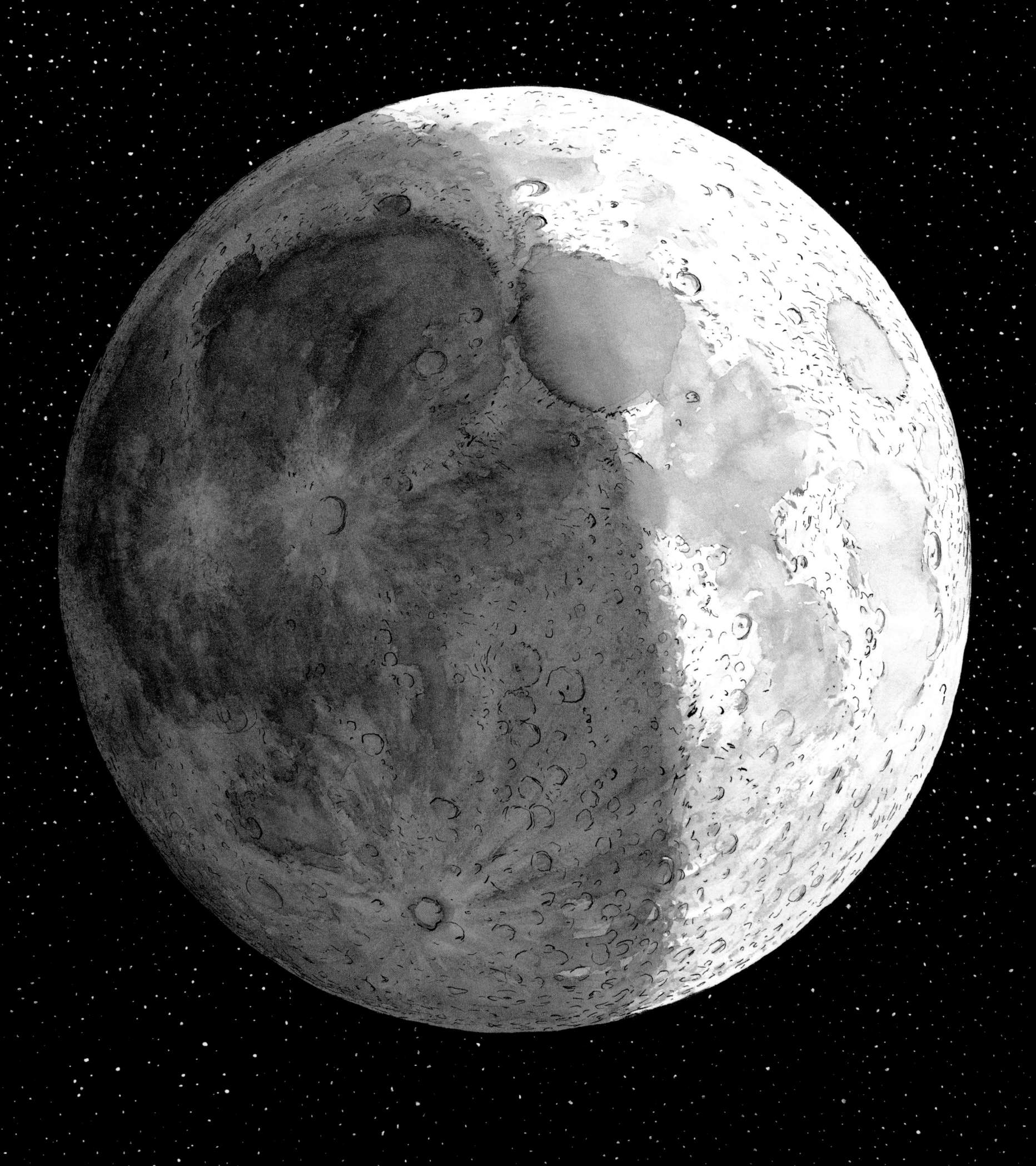

컬럼비아에 남은 콜린스는,
높은 곳에서
외롭게 달을 돌고 있습니다.

암스트롱과 올드린은
이글을 타고
점점 아래로 내려가고 있습니다.
그들에게는 딱 적당한 정도의
시간과 연료밖에 없습니다.
그들에게는 착륙 계획과
착륙 장소가 준비되어 있습니다.
크레이터들 중에서
안전한 곳으로 선택된 곳입니다.

저 아래 먼 곳에서는
친구들과 낯선 사람들이
늦게까지 깨어서, 혹은 아침 일찍 일어나서
숨을 죽이고
지켜보며 기다리고 있었습니다.
볼 수 있는 것은 지도와 모형들뿐이었습니다.
그렇게 먼 곳에서의 착륙 장면을 보여 줄 카메라는 없었습니다.

하지만 정말 이상한 소리들을 들을 수 있었습니다!
지직거리고 삑삑거리는 소리, 그리고 정적.
아무도 가 본 적이 없는 곳에 가서
이글을 달에 착륙시키려는 사람들과
종합 관제소 사이의
긴 어둠을 뚫고 오고 가는
생소한 용어들과
고도와 속도를 알려 주는 짤막한 말들.

이글에서는
올드린이 정보를 알려 주고
암스트롱이 우주선을 조종하고 있습니다.
그들은 점점 아래로 내려가면서
착륙할 장소를 찾고 있습니다.
그런데 이글은 너무 멀리 날아왔습니다.
원래 목표로 했던 지점에서 몇 킬로미터 떨어졌습니다.
그들의 작고 약한 우주선 아래에는
편평한 장소가 보이지 않았습니다.
점점 커지는 거대한 달 위에는
깨진 암석과 바위,
깊은 크레이터의 그림자밖에 보이지 않았습니다.

이글 내부에서는 경고등이 켜졌습니다.
우주 비행사들조차도 알지 못하는
경고가 숫자와 암호로 나타났습니다.
하지만 중앙 관제소에서는 계속 가라고 명령했습니다.
"이글, 휴스턴이다. 착륙을 시도하라."

도움을 받을 수도 없는 먼 곳에서
아직도 천천히 천천히 우주 비행사들은 날고 있었고
시간과 연료는 거의 남지 않았습니다.

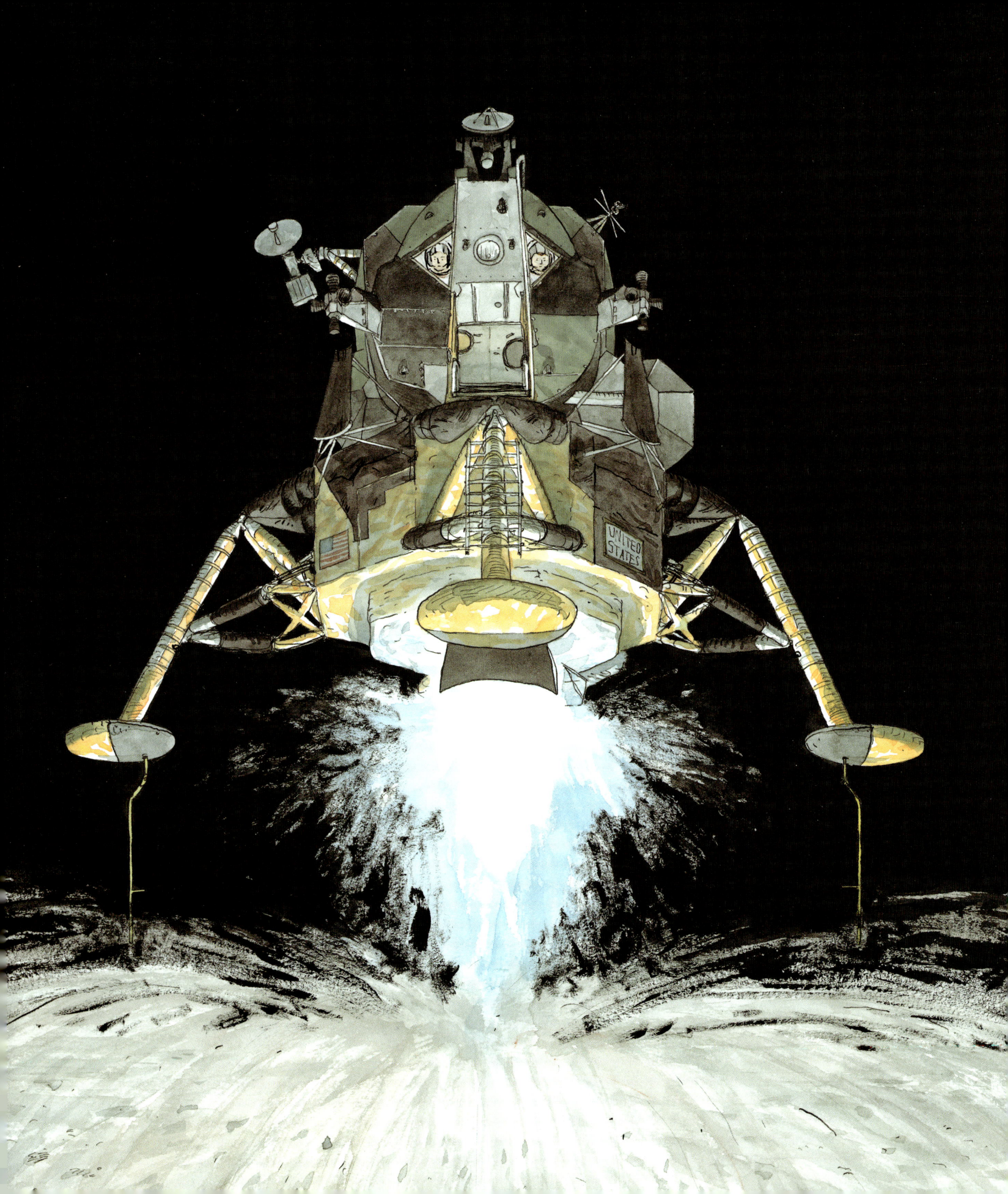

그러다…… 드디어! 그렇게 멀지 않은 곳에 깨끗하고 편평한 곳이 있었습니다!

60초가 남았습니다! 암스트롱은 로켓을 점화했습니다.

이글은 천천히 아래로 내려가며

먼지를 일으켜, 자신의 주위에 달의 꽃을 피웠습니다.

천천히 천천히

아래로 아래로

아래로 아래로

착륙했습니다!

먼 곳에서는 친구들과 낯선 사람들이 귀를 기울이고 있었습니다.

귀를 기울이고 있던 친구들과 낯선 사람들은

먼 곳에서 들려오는 목소리를 들었습니다.

달에서 암스트롱이

마치 방금 차를 주차한 사람처럼 차분하게 말했습니다.

"휴스턴, 여기는 고요의 바다. 이글은 착륙했다."

암스트롱은 차분했지만 지구는 흥분했습니다!

그리고 암스트롱과 올드린은 두꺼운 장갑과 크고 둥근 헬멧과
지구에 맞지 않는 옷을 입고 이글에서 내렸습니다.

달을 위해 만들어진 우주복을 입고 있는
여기 아래 그들의 주위는 온통
춥고, 고요하고,
공기도 없습니다. 하지만 이 이상하고 고요하고
멋진 달 위에 생명체가 있습니다.

암스트롱과 올드린은
거칠고 광활한 땅 위를 걷습니다.
걷고, 뛰고
몸이 가벼운 소년들처럼
가볍게 뛰어오릅니다!

발아래의
먼지와 암석들 사이에는
아무것도 자라지 않고
어떤 생명도 닿지 않았습니다.
하지만 여전히
달에는
비밀이 남아 있습니다.

달은 어디에서 왔을까?
달의 나이는 얼마나 될까?
달은 무엇으로 이루어져 있을까?
(녹색 치즈는 아니었습니다.)

머리 위 하늘에는
태양이 강하게 빛나고 있습니다.
지금은 달의 낮입니다.
지구의 낮과는 다르게 보입니다.
빛을 산란시켜 하늘을 푸르게 만들
공기가 없기 때문입니다.
여기서는 곧바로 우주 공간을 보기 때문에
하늘은 칠흑같이 어둡습니다.

칠흑같이 어둡지만
별은 보이지 않습니다.
빛이 너무 밝기 때문입니다.
달에 반사된
태양빛이
별보다 밝아서
별을 모두 숨겨 버립니다.

하지만 별 하나 없는 텅 빈 하늘에는…….

지구가 높이 떠 있습니다.

파도치는 바다, 떠도는 구름들,

춤추는 들판과 숲들,

가족들, 친구들, 낯선 사람들,

당신이 알던 모든 사람들,

당신이 알게 될 모든 사람들,

멋지고 외로운 지구가

하늘에서 빛나고 있습니다.

이제 중앙 관제소가 있는 휴스턴은 자정이 되었습니다.
우주 비행사들도 역시 그렇게 느끼고 있죠.
(달에서의 시간은 어떻게 아느냐고요? 그건 어려운 질문이에요.)

암스트롱과 올드린은 이글로 돌아갔습니다.
잠을 자야 할 시간입니다. 적어도 시도는 해야죠.
하지만 여기 이글은 춥고,
복잡하고, 시끄럽고,
공기에는 먼지가 가득합니다.
달의 먼지로 가득합니다!
먼지는 우주복과 신발에 묻어 와
이제 우주 비행사들의 코에 닿고 있습니다.
(달의 먼지는 눅눅한 재 냄새가 났습니다.)

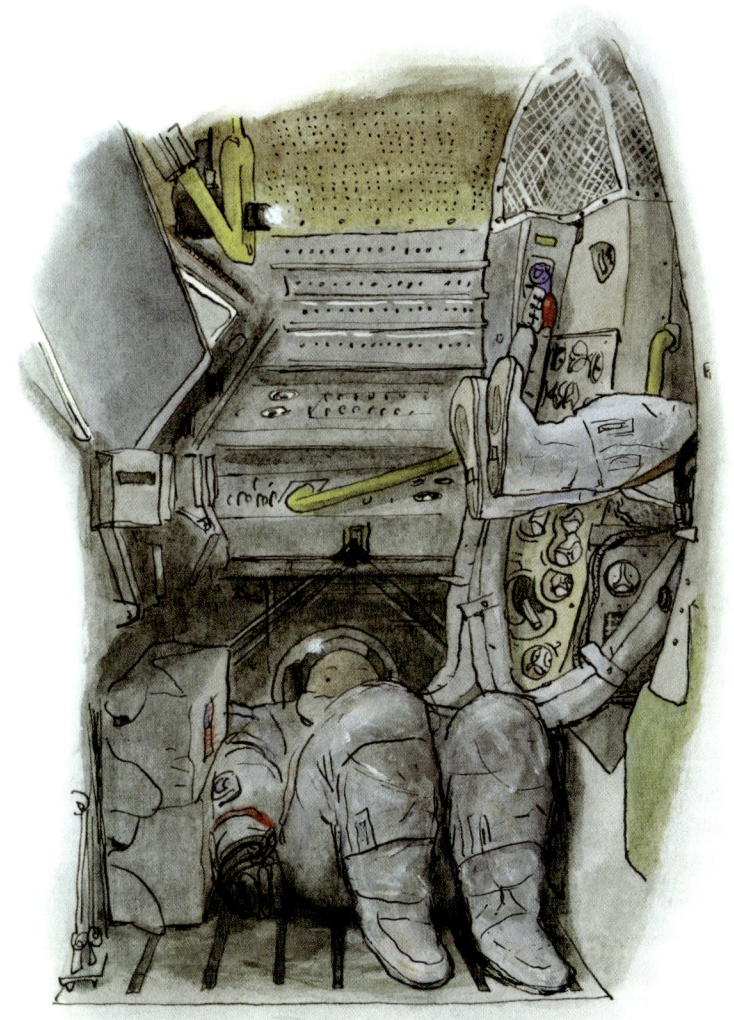

우주 비행사들은 먼지를 마시지 않기 위해서
헬멧을 계속 쓰고 있었습니다.
암스트롱은 엔진 위로 올라갔고
올드린은 바닥에 웅크리고 누웠습니다.
(이글은 휴식을 위해 만들어진 것이 아닙니다.)

잠을 잘 자기는 어려웠습니다.
그냥 쉬었다고 보기도 어렵습니다!

그래도 시간은 계속 갔고, 그들이 쉬었든 말았든, 나갈 시간이 되었습니다.

이글의 착륙 시설이 발사대가 되었습니다.
그리고 3… 2… 1… 암스트롱과 올드린은 이글의 윗부분을 하늘로 날렸습니다.
달에서 위로, 위로, 위로. 이 여행에서 두 번째 발사였습니다.

달 위에서는 컬럼비아가 기다리고 있었습니다.
컬럼비아와 이글, 두 개의 작은 우주선입니다.
(그리고 이글은 그전보다 작아졌습니다.)
그들은 춤을 추고 회전을 하며 점점 가까이 다가갔고,
콜린스가 두 우주선을 결합시켜 묶었습니다.
두 개의 작은 우주선이 다시 하나가 되어 날아갑니다.

해치가 열리고, 인사를 나눕니다!

세 우주 비행사가
성공적으로 반갑게
다시 모였습니다.
암스트롱과 콜린스, 올드린입니다.

그들은 이글의 마지막 부분을 남겨 두고
함께 달에서 출발했습니다.
아래에 있는 달을
뒤에 남겨 두고
달을 벗어나
떠나갑니다.

그들은 사진과,
암석과, 이야기와,
멀리서 본 고향의 모습을
가지고 갑니다.

그들은 우주 공간을
이틀 반 더
함께 날아갑니다.

저 멀리 지구가 다시 나타났고,
그들은 하늘의 꼭대기를 스쳐
빈 공간에서 대기로
미끄러져 갔습니다.

그들은 떨어지듯이 날아서
아래의 세계로 내려갔습니다.
날아서, 떨어져서, 빠르게
1분에 640킬로미터씩!

빠르게 떨어지지만
이제 공기를 밀어
공기와 우주선의 모양을 이용하여
속도를 늦춥니다.

공기를 밀어
속도를 늦추면서
압력이 올라가고, 열이 발생합니다!
점점 뜨거워지다가, 불꽃이 생기고, 불이 붙습니다!

방패의 보호를 받으며
우주 비행사들은 다시 의자 깊숙이 파묻혀
주위가 점점 밝아지는 모습을 보고 있습니다.

마치 불꽃처럼
빛나는 꼬리를 남기며 하늘을 가로지릅니다.

그때
제동 낙하산,
보조 낙하산,
주 낙하산이
펴졌습니다!

낙하산들이 공기를 잡고,
낙하산들이 하늘을 잡아,
떨어지는 컬럼비아의 속도를 늦추었습니다.

이제 천천히,
안전하게,
좌우로
흔들리며
아래로 아래로
아폴로 11호의
마지막 작은 부분을 타고
암스트롱,
콜린스,
올드린이
돌아옵니다.

따스함과,

빛과,

집이 있는 곳으로,

드디어.

위대한 도약

"먼저, 저는 우리나라가 이 목표를 달성할 수 있을 것이라고 믿습니다. 60년대가 끝나기 전에 달에 사람을 보냈다가 지구로 무사히 돌아오게 하는 것입니다."

존 F. 케네디 대통령이 미국 우주 사업의 목표를 말한 것은 1961년 5월이었다. 아직 인간을 지구 궤도에도 올려 보지 못한 나라에게 달은 쉽지 않은 목표였지만, 케네디 대통령은 과감해야 할 이유가 있었다. 새로운 우주 탐사 경쟁에서 미국은 소련에 완벽하게 뒤지고 있었기 때문에, 케네디 대통령은 전 세계 사람들에게 강력한 인상을 줄 수 있을 정도로 충분히 극적이면서 미국이 먼저 달성할 가능성이 있는 중요한 우주 탐사 목표를 찾기 시작했다.

케네디 대통령의 조언자들은 유인 우주선을 궤도에 올리는 것과 같은 특정한 일에는 소련이 확실하게 우위에 있지만 미국이 최초로 달성할 수 있는 다른 목표들이 있다고 말했다. 그중에는 달까지의 여행도 포함되어 있었다. 하지만 이것이 가능할까? 9년 이내에 가능할까? 어떻게?

거대한 로켓 전체가 달에 앉았다가 돌아오는 대신 공학자들은 작고 특화된 우주선으로 달에 가는 방법을 고안했다. 상대적으로 가벼운 이 우주선들은 임무 중에 일부분을 버려서 무게를 더 줄일 수 있다. 달 위에서의 결합과 같은 어려운 조종을 필요로 하지만 무게의 장점 때문에 곧 아폴로 우주선이 모습을 갖추게 되었다. 아폴로 우주선은 사령선과 기계선(둘을 합쳐서 CSM이라고 한다), 우주 비행사들을 실제로 달 표면에 내려 주고 태우고 올라오는 달 산책선(나중에 달 착륙선으로 이름이 바뀐다. "산책"이라는 단어가 너무 가볍게 들렸기 때문이다)으로 이루어져 있다. 이런 작은 우주선들을 달에 보내기 위해서도 발사체는 필요하다. 새턴 V 로켓 역시 엄청나게 커야 했지만, 이것도 역시 날아가면서 스스로를 해체한다. 그 결과는 놀라울 정도로 작아진 아폴로 11호이다. 고층 건물 크기(높이 126미터에 무게 300만 킬로그램)로 날아가서 폭스바겐 버스 크기로 돌아왔다.

아폴로 11호의 크기 줄이기는 1969년 7월 16일 아침에 발사된 지 불과 2분 후에 시작되었다. 그때까지 새턴 V 로켓은 닐 암스트롱, 마이클 콜린스, 에드윈 버즈 올드린을 하늘로 65킬로미터나 올려놓았고, 그 과정에서 거대한 1단 로켓 탱크의 연료를 모두 사용했다. 그런 다음 나사 폭발로 1단 로켓을 분리시켜 플로리다와 버뮤다의 중간 지점 정도의 대서양에 큰 곡선을 그리며 떨어지게 했다. 이어서 점화된 2단 로켓은 6분간 탔다. 아폴로 11호를 약 200킬로미터 높이로 올려놓기에 충분한 시간이었다.

2단 로켓도 버려져 포르투갈 앞바다 아조레스 제도 남서쪽에 떨어졌다. 3단 로켓은 아폴로 11호를 지구 궤도로 올렸다. 두 시간이 조금 지난 후 우주 비행사들과 중앙 관제소는 점검을 마치고 3단 로켓을 다시 점화시켜 아폴로 11호를 달을 향해 보냈다.

잠시 후 결합된 사령선과 기계선은 3단 로켓에서 분리되었다. CSM이 날아가는 동안 새턴 3단 로켓의 원뿔을 이루는 판들이 수많은 꽃잎처럼 갈라지고 달 착륙선 이글이 등장했다. CSM의 조종사 마이클 콜린스는 CSM과 달착륙선을 결합시켰고, 두 우주선은 한때는 거대했던 새턴 V 로켓의 마지막 부분을 떠났다.

지구 궤도를 떠날 때 우주 비행사들의 속도는 시속 4만 킬로미터(초속 약 11킬로미터)였지만 날아가면서 속도는 줄어들었다. 아폴로 11호는 지구를 떠나고 있었지만 여전히 지구의 중력을 느끼고 있었다. 우주 비행사들이 달에서 6만 4천 킬로미터 이내로 다가갔을 때 그들의 속도는 시속 3,200킬로미터로 줄어 있었다. 다시 뒤로 끌려가기 전에 그들은 달의 중력 영향권으로 들어갔다. 아폴로 11호는 다시 속도를 얻었다.

7월 19일 우주비행사들은 CSM의 큰 엔진을 자신들이 날아가는 방향으로 점화시켜 달 궤도로 들어갈 수 있을 정도로 속도를 줄였다. 다음날 암스트롱과 올드린은 이글을 컬럼비아에서 분리시켜 착륙 지점을 향해 내려가기 시작했다.

여기까지는 아폴로 11호의 우주 비행사들은 이전 우주 비행사들이 시험했던 경로를 따라왔다. 아폴로 8호는 처음으로 지구를 떠나 달의 주위를 돌았고, 아폴로 9호는 사령선과 달 착륙선을 처음으로 시험하고 결합시켰고, 아폴로 10호의 우주 비행사들은 사령선과 달 착륙선(찰리 브라운과 스누피라고 불렀다)을 달 표면에서 14킬로미터 이내까지 가게 했다. 이제 마지막 임무가 암스트롱과 올드린, 그리고 중앙 관제소에게 주어졌다. 달에 착륙하는 것이다.

내려가는 비행은 순조롭지 않았다. 통신 장애와 모호하게 표시된 컴퓨터 경보, 이글 경로의 오류가 있었고(결과적으로 목표했던 착륙 지점에서 6.4킬로미터 벗어났다), 마지막으로 연료 부족과 시간 지연으로 비행을 취소해야 할 위험까지 있었다. 이글이 고요의 바다에 무사히 착륙했다는 소식을 들었을 때 중앙 관제소의 통신관(우주 비행사이기도 한) 찰리 듀크의 목소리에는 숨길 수 없는 안도감이 드러났다. "알았다, 고요의 바다, 착륙 확인한다. 당신들은 많은 사람들을 파랗게 질리게 만들었다. 이제 숨을 쉴 수 있게 됐다. 정말 고맙다."

착륙 6시간 후, 암스트롱과 올드린은 달에 내릴 준비를 마쳤다. 암스트롱은 이글에서 나가서 이글의 사다리를 내려가는 어슴푸레한 영상을 지구로 보내줄 카메라 쪽으로 이동했다.